EXPLORAR

Los volcanes

POR NATALIE LUNIS

ADAPTADO POR ALEJANDRA GRITSIPIS Y MÓNICA VILLA

CONTENIDO

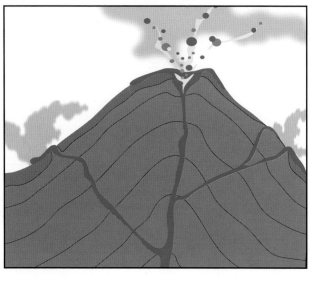

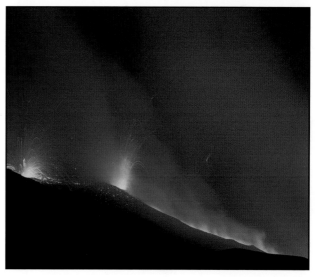

Palabras para analizar

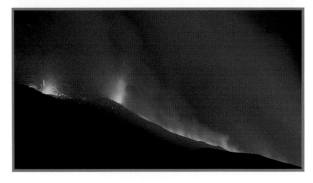

activo

la erupción

extinto

los geólogos

inactivo

la lava

el magma

el volcán

Introducción

Un **volcán** es un hoyo profundo en la Tierra. Del volcán pueden salir o aflorar rocas rojas, calientes y derretidas, cenizas, vapor y gases venenosos. Estas explosiones se llaman **erupciones**.

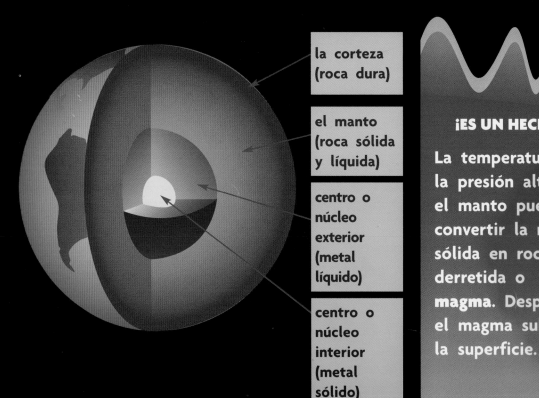

la corteza
(roca dura)

el manto
(roca sólida
y líquida)

centro o
núcleo
exterior
(metal
líquido)

centro o
núcleo
interior
(metal
sólido)

¡ES UN HECHO!

La temperatura
la presión alta
el manto puede
convertir la roca
sólida en roca
derretida o
magma. Después
el magma sube
la superficie.

¿SABÍAS QUE...?

Algunos volcanes están coronados por montañas en forma de cono. Algunos son aberturas en la tierra. Otros son cráteres llenos de agua.

En la Tierra hay miles de volcanes. Los científicos los ponen en tres grupos.

Extintos, son los que han erupcionado en el pasado pero probablemente no lo harán otra vez.

Inactivos, son los que han erupcionado en el pasado y probablemente lo harán otra vez.

Activos, son los que erupcionan con frecuencia.

▲ El monte Kilimanjaro en Kenia es un volcán extincto.

▲ Lassen Peak en California e un volcán inactivo.

▼ El monte Etna en Italia es un volcán activo.

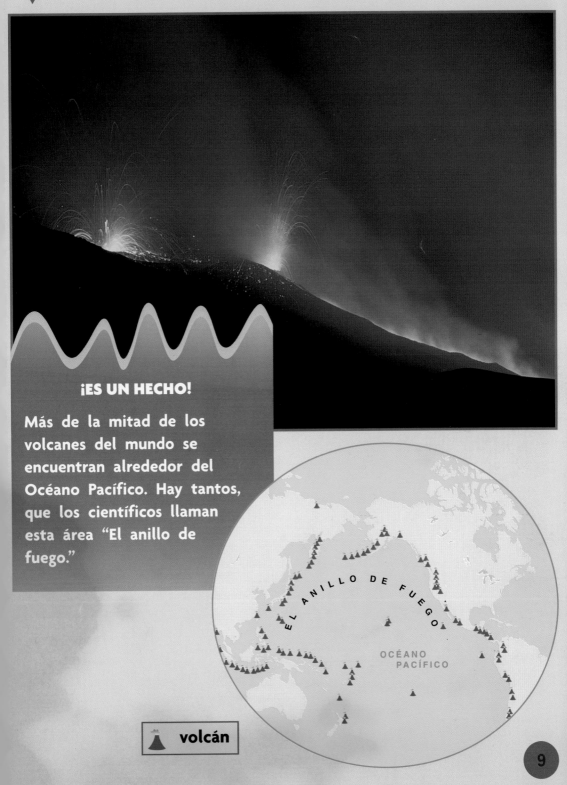

¡ES UN HECHO!

Más de la mitad de los volcanes del mundo se encuentran alrededor del Océano Pacífico. Hay tantos, que los científicos llaman esta área "El anillo de fuego."

EL ANILLO DE FUEGO

OCÉANO PACÍFICO

🌋 volcán

¿Cómo erupciona un volcán?

El calor dentro de la Tierra es tan fuerte que derrite la roca para formar el **magma**. El magma contiene gases, que son más ligeros que la roca sólida alrededor de él. El magma sube y sale violentamente a la superficie de la Tierra. Entonces lo llamamos **lava**.

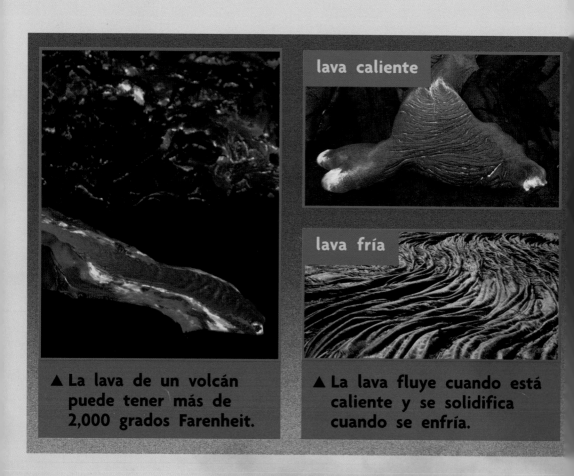

lava caliente

lava fría

▲ La lava de un volcán puede tener más de 2,000 grados Farenheit.

▲ La lava fluye cuando está caliente y se solidifica cuando se enfría.

ADENTRO Y AFUERA

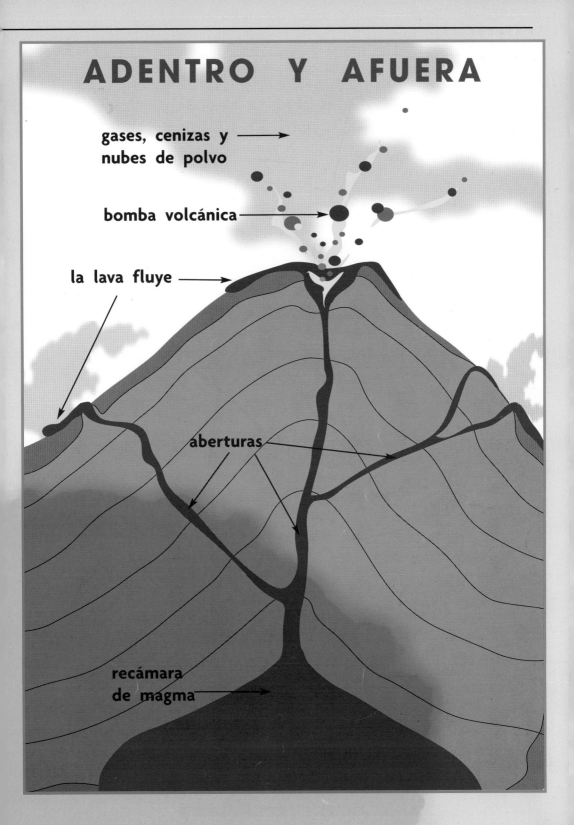

gases, cenizas y nubes de polvo

bomba volcánica

la lava fluye

aberturas

recámara de magma

No todos los volcanes producen lava. Algunas erupciones lanzan pedazos de rocas. Los pedacitos más pequeños se llaman cenizas. Los más grandes, de hasta cuatro pies, se llaman bombas. Los volcanes también producen nubes grandes llenas de gas y vapor. El gas se ve como vapor negro porque tiene polvo volcánico.

▲ El 18 de mayo de 1980, el monte Santa Helena lanzó una nube de cenizas grises a más de 12 millas en el aire.

▲ bombas pequeña

▲ bombas

EXPERIMENTO PARA HACER UN VOLCÁN

NECESITAS:

$\frac{1}{4}$ taza de bicarbonato de soda

$\frac{1}{4}$ taza de agua

arena o tierra

$\frac{1}{4}$ taza de vinagre

recipiente alto con tapa

PASO 1 Mezcla el bicarbonato de soda y el agua en un recipiente y tápalo.

PASO 2 Afuera, forma una montaña de arena o tierra alrededor del recipiente.

PASO 3 Quita la tapa y echa el vinagre con cuidado.

Observa cómo la ▶ mezcla parece lava saliendo de un volcán.

¿Cuáles son algunos volcanes famosos?

Todos los volcanes son diferentes. Ellos hacen erupción de diferentes maneras. Algunos no son peligrosos para las personas que viven a su alrededor. Otros pueden causar mucho daño.

ALGUNOS TIPOS DE ERUPCIONES

MENOS VIOLENTAS:
La lava sale del hoyo, formando una cuesta gradual.

VIOLENTAS:
El magma explota en el aire con polvo y rocas grandes.

LAS MÁS VIOLENTAS:
Los gases y las cenizas calientes explotan, y el volcán puede destrozar la montaña.

Mauna Loa

▲ La lava de algunos volcanes corre por los lados de las montañas.

En algunas erupciones, ríos calientes de lava corren por los lados de las montañas. Este tipo de erupción ocurre en el volcán famoso del Parque Nacional de Volcanes de Hawai. Mauna Loa es el volcán más grande del mundo. Hace erupción de vez en cuando.

NÚMERO DE VÍCTIMAS

1669	Monte Etna	20,000
1815	Montaña Tambora	92,000
1883	Krakatoa	36,000
1902	Montaña Pelee	38,000
1980	Monte Santa Helena	57
1985	Nevado del Ruiz	25,000

En los Estados Unidos, el monte Santa Helena en el estado de Washington erupcionó en 1980. La erupción destrozó la cima de la montaña. Una gran nube de ceniza caliente, polvo y gases venenosos bajó por la montaña. La nieve y el hielo derretidos causaron inundaciones y aluviones.

¿SABÍAS QUE...?
El monte Santa Helena tenía 9,677 pies de altura antes de la erupción en 1980. Ahora tiene 8,363 pies de altura.

▲ **Después de la erupción del monte Santa Helena, las cenizas cubrieron todo.**

▲ Esta calle en Pompeya, Italia, quedó enterrada después de la erupción del volcán Vesubio.

Probablemente el volcán más famoso de todos es el Vesubio en Italia. Hace mucho tiempo, este volcán erupcionó y enterró tres aldeas con cenizas y polvo. Hace más de 100 años, las aldeas fueron descubiertas. Hoy la gente visita estos pueblos y ve 2,000 años de historia.

Punto de revisión

Cierra los ojos e imagina que un volcán hace erupción cerca de donde estás. Usa tus sentidos para visualizar la escena. ¿Qué ves, escuchas, sientes y hueles?

¿Cómo cambian la Tierra los volcanes?

Los volcanes cambian la Tierra de muchas maneras. Los volcanes submarinos pueden formar islas. Las islas de Hawai se formaron hace mucho tiempo cuando los volcanes del fondo del mar erupcionaron. La lava salió y se enfrió formando rocas.

▲ La isla de Lehau en Hawai se formó de volcanes submarinos.

Los volcanes pueden formar lagos. Estos lagos se forman cuando las erupciones dejan un hoyo grande en la tierra. Así se formó Crater Lake en Oregón. Después de mucho tiempo, el hoyo se llenó de agua y ahora es el lago más profundo de los Estados Unidos.

▲ Crater Lake tiene 1,950 pies de profundidad. Es el séptimo lago más profundo del mundo.

Los volcanes también afectan a las personas de una manera positiva. En Islandia, una isla con muchos volcanes, las personas usan el agua caliente del volcán para calentar sus casas. Esa agua viene de manantiales volcánicos.

▲ Aquí están los conductos en Krafla, Islandia, que transportan el agua caliente de los numerosos volcanes.

Los cultivos de piñas, uvas y café crecen mejor cerca de los volcanes. Las cenizas enriquecen la tierra. En algunos lugares, se usa el vapor subterráneo para producir la electricidad.

La tierra cerca ▶ de los volcanes es muy rica. Los cultivos crecen mejor en esta tierra.

¡ES UN HECHO!

Los géisers son manantiales subterráneos que lanzan agua caliente y vapor. Se encuentran en las áreas volcánicas. Old Faithful en el Parque Nacional de Yellowstone es uno de los más famosos del mundo.

Conclusión

Los científicos siguen estudiando los volcanes para saber si van a erupcionar. A veces hay un temblor pequeño antes de una erupción. Los científicos usan instrumentos especiales para vigilar la actividad sísmica en esa área. Se han dado cuenta de que hay señales peligrosas. Sin embargo, las erupciones no se pueden predecir con exactitud.

¿SABÍAS QUE...?

Los científicos que estudian la tierra se llaman **geólogos**. Los que estudian los volcanes se llaman **vulcanólogos**.

◄ Los vulcanólogos usan guantes y trajes con viseras para protegerse del inmenso calor y las partículas de basura en el aire.

Glosario

activo	un volcán que todavía hace erupción
erupción	explosión donde la lava, cenizas, vapor y gases venenosos salen violentamente de la tierra
extinto	un volcán que probablemente no erupcionará otra vez
geólogos	los científicos que estudian la tierra
inactivo	un volcán que está dormido en el presente pero que puede erupcionar en el futuro
lava	la roca derretida que corre por la superficie de la tierra
magma	la roca derretida debajo de la superficie de la tierra
volcán	una abertura en la corteza de la tierra de donde sale magma, vapor, cenizas y gases
vulcanólogos	los científicos que estudian los volcanes

Índice